ITALY

绕着地球跑一圈 第四辑

欧洲之旅

意大利

稚子文化/编绘

化学工业出版社
·北京·

编写人员名单：

张耀明　冯允亮　杨立艳　田晓梅　殷鹏飞　牛庆贺　丽　娜　马玉玲　王　虹　王　丹
刘　亭　马宏艳　张晓光　马春艳　邱　影　路　颖　马健桐　韩晓艳　李　娜

图书在版编目（CIP）数据

绕着地球跑一圈. 第四辑，欧洲之旅. 意大利 / 稚子文化编绘. —北京：化学工业出版社，2018.4（2022.7重印）
ISBN 978-7-122-31599-1

Ⅰ. ①绕…　Ⅱ. ①稚…　Ⅲ. ①意大利-概况-少儿读物　Ⅳ. ①K91-49

中国版本图书馆CIP数据核字（2018）第038217号

审图号：GS（2018）2868号

绕着地球跑一圈（第四辑）
欧洲之旅·意大利

责任编辑：刘莉珺　　装帧设计：稚子文化

出版发行：化学工业出版社（北京市东城区青年湖南街13号　邮政编码100011）
印　　装：天津图文方嘉印刷有限公司
889mm×1194mm　1/16　印张2½　插页1　2022年7月北京第1版第2次印刷

购书咨询：010-64518888　　售后服务：010-64518899
网　　址：http://www.cip.com.cn
凡购买本书，如有缺损质量问题，本社销售中心负责调换。

定　　价：19.80元

前言 Preface

嘿！你知道吗？地理是我们知识结构中不可或缺的一门重要学科，了解地理知识可以开阔我们的视野，将地球上的风景尽收眼底，领略它的瑰丽与神奇。在书中遨游世界，乘着梦想的翅膀，那一定是最激动人心的事！你准备好了吗？让我们开始畅游欧洲吧！

意大利——比萨的故乡。没错，就是那个有座屹立不倒的比萨斜塔的地方，也是那个有着宛如仙境的西西里岛的国家。口味千变万化的意大利面使它吸引着全世界的美食爱好者，谁都想去那里大快朵颐一番呢！

走吧，去意大利瞧瞧吧！乘着贡多拉在水城威尼斯飘飘荡荡，去罗马见证凯撒大帝昔日的辉煌。这种独一无二的休闲惬意，就属于与众不同的国度——意大利。

意大利印象

奥斯塔
特伦托
米兰
威尼斯
都灵
热那亚
博洛尼亚
佛罗伦萨
安科纳
佩鲁贾
拉奎拉
罗马
梵蒂冈
卡利亚里
巴勒莫
意大利
梵蒂冈

意大利
圣马力诺
波巴索
巴里
不勒斯
波坦察
卡坦扎罗

意大利概貌

炽热阳光下的海边村落，曼妙旋律中的中世纪小城，都让我们对意大利这个神奇的国度充满向往。南部的西西里岛是意大利一个大的岛屿，把这个岛屿和意大利本土一起看，恰像一只脚在踢球，是不是很有趣呢？

国花

美丽的雏菊“个子”不高，洁白的花瓣、清雅的暗香深得意大利人喜爱。

- 首都：罗马
- 语言：意大利语
- 人口：约 6080 万人
- 面积：301333 平方公里

国旗

意大利国旗旗面由三个平行且面积相等的竖长方形相连构成，从左至右依次为绿、白、红三色。

小知识

1796年，拿破仑的意大利军团在征战中曾使用由拿破仑设计的绿、白、红三色旗。1946年，意大利共和国建立，正式规定绿、白、红三色旗为共和国国旗。

国石

珊瑚的形状很像树枝，颜色鲜艳，做成装饰品的珊瑚美极啦！

国歌

《马梅利之歌》是意大利的国歌。

国树

五针松的树冠很像一把大雨伞，树干穿着红褐色的“衣服”。

两个国家位于有两个独立的国家位于意大利的版图内，它们是梵蒂冈和圣马力诺。

意大利历史

欧洲文明古国意大利，也是罗马帝国的发祥地，恺撒、屋大维等统治者统治期间为后世留下了深远的影响和贡献。

史前时期

意大利的历史要追溯到伊特鲁里亚时代，它只是一个松散的城市联邦。到了公元前 3 世纪末期，古罗马人占领了伊特鲁里亚城。

小知识

恺撒是罗马共和国末期杰出的军事统帅、政治家，并且以卓越的才能成为了罗马帝国的奠基者。

罗马时期

公元前 510 年，罗马人结束罗马王政时代并建立了罗马共和国。国家由元老院、执政官和部族大会三权分立。

恺撒

恺撒于公元前 49 年回到罗马，打败了庞培，集大权于一身，实行独裁统治。他的独裁统治标志着共和国体制的结束。

恺撒

屋大维

屋大维在公元前27年建立了罗马帝国，并被尊为“奥古斯都”。

图拉真

图拉真是罗马帝国皇帝。他统治时期，对内发展政治和经济，对外扩大疆域。此时，罗马帝国的发展到了顶峰。

帝国分裂

395年，罗马帝国分裂为西罗马帝国和东罗马帝国。在随后的几个世纪里，东罗马帝国不断受到匈奴人和阿拉伯人的入侵，最终于1453年被奥斯曼帝国吞并。

历史大事年表

公元前9世纪，伊特鲁里亚人创造灿烂文明。

公元前754年，罗马建城。

公元前27—476年，成为跨欧、亚、非三大洲的大帝国。

476年，西罗马帝国灭亡。

1453年，东罗马帝国灭亡。

12—13世纪，罗马帝国统治瓦解。

15世纪，人文主义和文艺复兴运动兴起。

15世纪末，法国和西班牙争夺亚平宁半岛，导致意大利战争。

19世纪，民族复兴运动兴起。

1861年3月，建立王国。

1870年王国军队攻克罗马，领土统一，进行殖民扩张。

1922年10月31日，墨索里尼上台执政，实行法西斯统治。

1939—1945年，卷入第二次世界大战并沦为战败国。

1946年7月12日，成立共和国第一届政府。

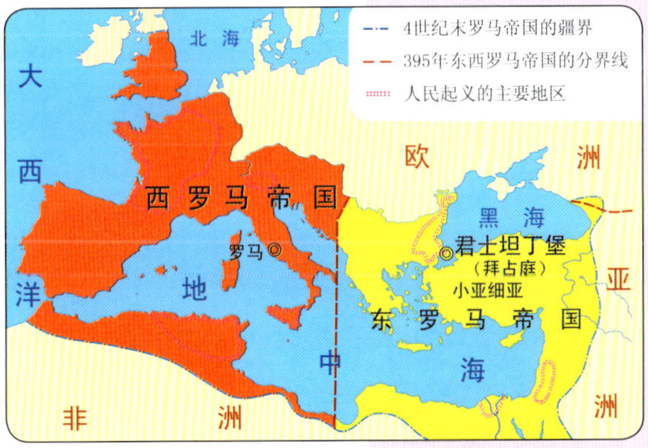

中世纪时期

774年，意大利北部的伦巴德王国并入法兰克王国，北部城邦相继崛起。

近现代史

1922年，墨索里尼掌握了国家大权，实行长达20年的法西斯统治。后来意大利与德国结成罗马—柏林轴心，随后卷入第二次世界大战，沦为战败国。

四季风情

一年四季都非常适合前往意大利旅行，在这里你可以追随文艺的脚步，聆听大自然的对话，在风景中认识意大利。

利古里亚

在蔚蓝色海水的映衬下，夏天的利古里亚美得像一幅画。

春季

山下的野花开了，就像绣在一块绿色大地毯上的精美图案，漂亮极了！

夏季

意大利的夏天非常炎热，躺在沙滩椅上吹着海风是最惬意的事情啦！

小知识

利古里亚属于地中海式气候，夏季炎热干燥、冬季温和多雨。利古里亚海岸每年吸引着世界各地游客游览观光，其中圣雷莫、五渔村和菲诺港等地是著名的旅游胜地。

秋季

周围的树木换上了新装，村庄仿佛也在凝望着这美好的秋天景色。

冬季

意大利北方的冬天经常下雪，南部会稍微温暖一些。看！山顶和桥面都被雪覆盖着。

上下哪两块拼图能组成一张完整的意大利冬季照片，快来连一连吧！

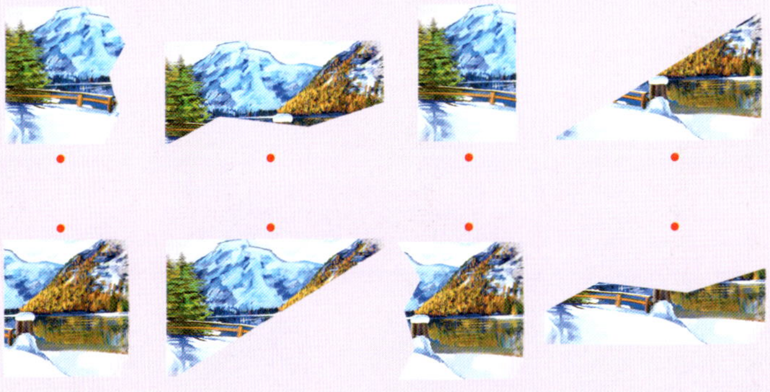

自然风光

意大利有独特的地质风貌。与法国、瑞士和奥地利等国接壤的特殊地理位置，形成了意大利优美的自然环境。意大利到底有哪些美丽的风景呢？下面请让我带你欣赏一下吧！

西西里岛

大自然似乎将它所有的奇迹都赋予了西西里岛。这里有地中海干净透明的色彩，水晶般清澈的海水和美丽的海岸线。

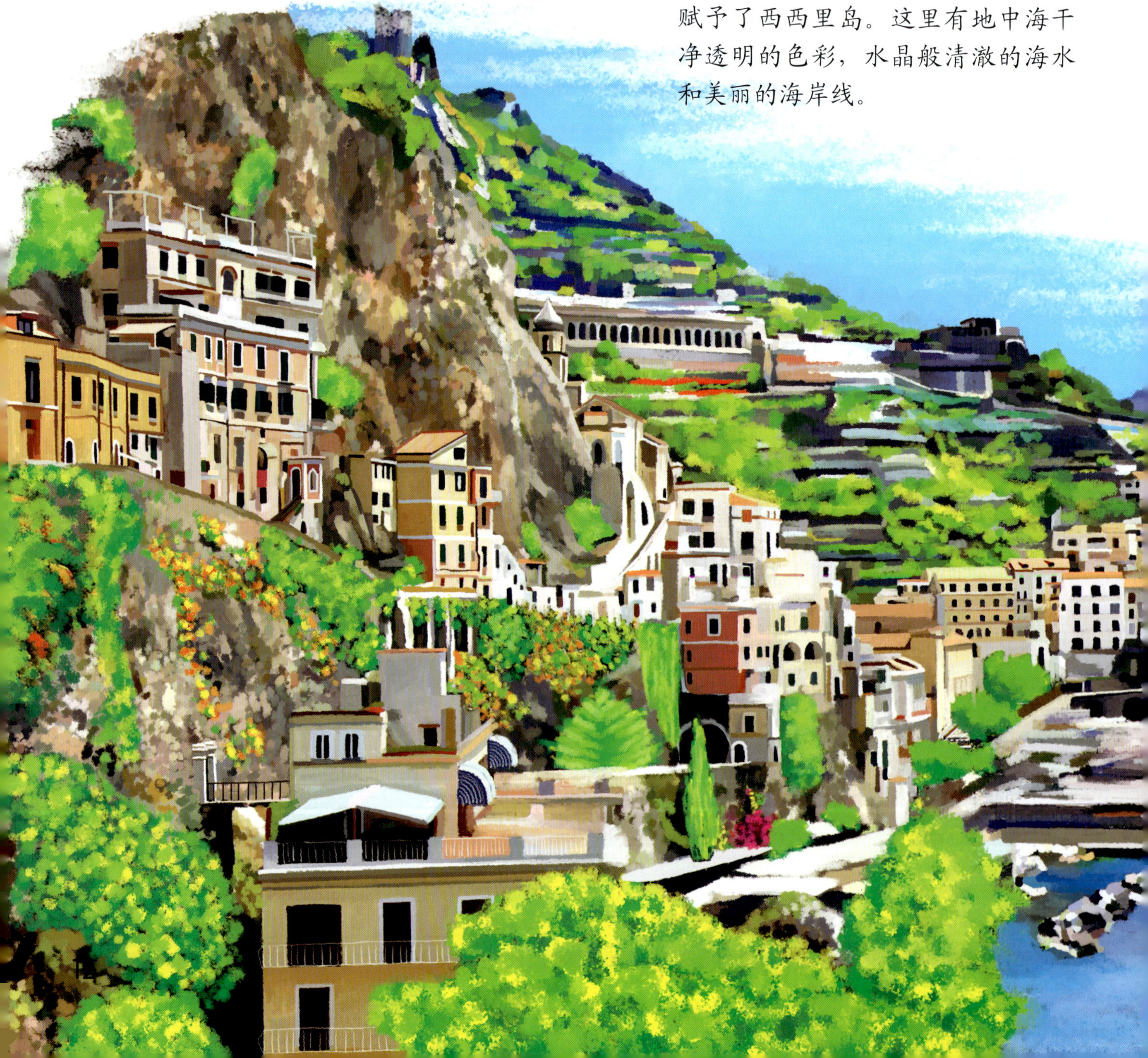

维苏威火山

维苏威火山海拔约1281米，被誉为“欧洲最危险的火山”。世界上最大的火山观测所之一就设在这里。

小知识

维苏威火山在公元79年的一次猛烈喷发，摧毁了当时拥有2万多人的庞贝古城。

下面哪座火山喷发埋没了庞贝古城？

- 埃特纳火山
- 维苏威火山
- 利帕里火山
- 斯特罗姆波利火山

波河

波河是意大利最长的河。成排的白杨树在薄雾蒙蒙的野地里若隐若现，这里就像人间仙境一样。

加尔达湖

加尔达湖是意大利面积最大的湖泊，很多作家都把它的美写在了自己的作品里。

民族与宗教

意大利人属欧罗巴人种，使用意大利语，为印欧语系罗曼语族。这里还有很多大大小小的教堂，让我们一起来领略教堂带给我们的震撼吧！

意大利人

圣玛利亚修道院

圣玛利亚修道院的文化价值，很大程度上源于在它餐厅北墙上绘有达·芬奇的名作——《最后的晚餐》。

佛罗伦萨大教堂

佛罗伦萨大教堂被誉为世界上最美的教堂之一，又称为圣母百花大教堂。

圣马可大教堂

圣马可大教堂是一座收藏着丰富艺术品的宝库。教堂又被称为“金色大教堂”。

小知识

拿破仑曾在米兰大教堂加冕，达·芬奇为这座建筑发明了升降机。米兰大教堂不仅仅是一座教堂、一栋建筑，它更是米兰精神的象征和标志，也是世界建筑史和文明史上的奇迹。

小朋友，你知道是哪位人物在米兰大教堂加冕的吗？

拿破仑

玻利瓦尔

彼得大帝

米兰大教堂

米兰大教堂是世界上雕塑最多和尖塔最多的建筑之一，被誉为“大理石山”。

名胜古迹

提起意大利，你也许会立刻联想到著名的庞贝古城、闻名于世的比萨斜塔、万神殿、特莱维喷泉等，这些古老的建筑无不闪烁着建筑师的智慧之光。

庞贝古城

庞贝古城是一座背山面海的避暑胜地。公元 79 年毁于维苏威火山大爆发。

比萨斜塔

比萨斜塔歪着身子迎接世界各地来观赏它的游客，我也要在它身旁合一张影！

特莱维喷泉

特莱维喷泉就是我们常说的许愿喷泉。传说，只要背对着喷泉，从肩上投出一枚硬币，如果能投进水中，就能梦想成真。

米开朗基罗广场

大卫青铜像矗立在米开朗基罗广场上，它一定能看见最美的日出和夕阳吧！

小朋友，早期意大利威尼斯叹息桥的两端连接的是哪两处地点呢？

- 学校
- 法院
- 医院
- 监狱

叹息桥

意大利威尼斯叹息桥建于1603年，是古代押解犯人所走的必经之路。它因桥上死囚的叹息声而得名。

小知识

比萨斜塔原本是一个建筑败笔，却因祸得福成为世界的建筑奇观。伽利略的自由落体试验更使其蜚声四方，成为世界著名旅游观光胜地。

在比萨斜塔做“自由落体试验”的是哪一位科学家？

牛顿

伽利略

宏伟建筑

如何在传承历史文脉中实现建筑的华丽转身，是意大利建筑的一大难题。当代意大利也有很多风格独特的宏伟建筑，快和我们一起去感受建筑师带给我们的视觉盛宴吧！

万神殿

万神殿是用来供奉奥林匹亚山上诸神的，这是奥古斯都时期的经典建筑。

小知识

万神殿是古罗马精湛建筑技术的典范。拉斐尔等许多著名艺术家就葬在这里。葬在这里的还有意大利君主专制时期的统治者。

圣天使城堡

圣天使城堡位于意大利罗马台伯河畔，又称哈德良陵墓。

米兰城市生活塔

米兰城市生活塔带来了新的生活方式。在地面上，人们可以步行或骑自行车，地下又有其他的交通方式满足出行需要。

意大利MUSE科学博物馆

MUSE科学博物馆常常举办面向大众的活动，比如举行动物化装舞会，召开科普讲座，组织观察日食，等等。

君士坦丁凯旋门

君士坦丁凯旋门是为了纪念君士坦丁大帝击败马克森提皇帝，使罗马帝国统一而建的。

斯福尔扎城堡

斯福尔扎城堡的防御工事由达·芬奇设计。里面除了收藏着米开朗基罗未完成的作品，还有很多具有很高艺术和历史价值的作品。

独特节日

如果你来意大利旅行，就不要错过这里的特色节日哟！节日里，人们都会穿上艳丽的服饰，用传统的表演庆祝节日。

狂欢节

人们戴着面具或装扮成小丑，尽情跳舞唱歌，欢乐的气氛汇聚成一个神奇的世界。

锡耶纳赛马节

赛马节这天，参赛的马匹和骑士身着代表不同街区不同颜色的服装，然后绕着广场亮相。

佛罗伦萨盛装足球赛

球员们拼尽全力将足球送入球门，据说这一比赛是橄榄球赛的前身，还以逼真还原足球历史的形式庆祝。

复活节

我们快去找复活节彩蛋吧！这里面还有小礼物哟！

主显节这天，贝法娜女巫会给小朋友送来糖果，但是她必须找到正确的路线，才能到达地点，请你帮一帮她吧！

小知识

意大利的主显节，同时也是儿童节。孩子们会打扮成自己喜欢的卡通形象，来到市中心广场参加当地政府举办的活动。

主显节

传说中，戴着尖帽、骑着扫帚的女巫贝法娜会在1月6日主显节这一天用袜子装满礼物送给孩子。

文化艺术

古罗马的文明，文艺复兴的源头，众多的天才更使它熠熠生辉，这世上恐怕只有意大利能展示出辉煌又灿烂的欧洲文化。让我们一起感受意大利独特的文化魅力吧！

李维

李维是古罗马著名的历史学家，他的著作《罗马史》记录了900多年的罗马历史。

马可·波罗

马可·波罗是世界著名旅行家和商人，著作有《马可·波罗游记》。

古罗马建筑

罗马人的凯旋门、长方形教堂以及水道和公共澡堂之类的建筑，都是人类建筑史上的瑰宝。

伽利略

伽利略制造了天文望远镜，因此发现了许多新的天体现象，为人类的科学技术发展作出了巨大贡献。

语言文化

一直到中世纪晚期之前，几乎所有欧洲作家都使用罗马人的语言。如今，拉丁字母表仍通用于全世界。

Form.	Name.	Form.	Name.
Α α	Alpha	Ν ν	Nu
Β β	Beta	Ξ ξ	Xi
Γ γ	Gamma	Ο ο	Omieror
Δ δ	Delta	Π π	Pi
Ε ε	Epsilon	Ρ ρ	Rho
Ζ ζ	Zeta	Σ σ ς	Sigma
Η η	Eta	Τ τ	Tau
Θ θ	Theta	Υ υ	Upsilon
Ι ι	Iota	Φ φ	Phi
Κ κ	Kappa	Χ χ	Chi
Λ λ	Lambda	Ψ ψ	Psi
Μ μ	Mu	Ω ω	Omega

音乐和戏剧

圭多·阿雷佐确立了六声音阶的唱名法，并设计了手掌图，标记不同音名帮助记忆。

小知识

意大利是歌剧的故乡，它的歌剧发展史也可以称为是意大利的音乐史。巴尔第、里努契尼和培利曾一起合作创作了第一部歌剧。

蒙特威尔第

1637年，克劳迪奥·蒙特威尔第在威尼斯建立了第一家公众歌剧院哟！

帕瓦罗蒂

鲁契亚诺·帕瓦罗蒂是世界著名的男高音歌唱家。

儿童文学

19世纪意大利作家卡洛·科罗迪写出了著名的作品《木偶奇遇记》，主人公匹诺曹有会变化的长鼻子哟！

匹诺曹做什么事情后他的鼻子会变长？

- 说谎话
- 逃学
- 吃零食

文艺复兴

文艺复兴是 14 世纪末在意大利各城市兴起的一场艺术与知识蓬勃发展的思想文化运动。当时，画家、雕刻家和文学家人才辈出，他们完成了大量旷世之作。

米开朗基罗

《创世纪》和《末日裁判》是著名雕塑家和绘画家米开朗基罗的作品。

《创世纪》

达·芬奇

达·芬奇被称为“文艺复兴时期最完美的代表人物”，壁画《最后的晚餐》、祭坛画《岩间圣母》和肖像画《蒙娜丽莎》是他的三大杰作。

达·芬奇

《蒙娜丽莎》

小知识

15 世纪后期至 16 世纪前半期，意大利文艺复兴运动达到鼎盛，出现了“美术三杰”——是达·芬奇、米开朗基罗和拉斐尔。

拉斐尔

拉斐尔绘画风格的特点是形神兼备，气韵盎然。代表作是《西斯廷圣母》《卡斯蒂廖内像》和《披纱女子像》。

但丁

但丁是文艺复兴运动的先驱，代表作是《神曲》。

薄伽丘

薄伽丘的著名作品是短篇故事集《十日谈》，这部作品被视为文艺复兴的宣言。

彼特拉克

彼特拉克是意大利诗人。他既是人文主义的奠基者，也是近代诗歌的创始人。

动物与植物

高高的柏树是意大利最具特色的植物，蜿蜒的路旁就能看到它的身影；活泼可爱的垂耳兔蹲坐在草地上沐浴着阳光。意大利还有哪些有趣的动植物呢？让我们一起去看看吧！

意大利柏树

叶色深绿，枝条紧凑向上，自然形成紧密的圆柱体。这就是意大利著名的柏树。

熊果

熊果可以作为药用植物。它的叶子中含有熊果素，具有抗菌、美白的功效。

迷迭香

迷迭香是一种名贵的天然香料植物，生长季节会散发一种清香气味，有清心提神的功效。

渡鸦

渡鸦飞行有力，随气流翱翔，有时在空中翻滚，还时常攻击并杀伤其他猛禽。

小知识

渡鸦俗称胖头乌老鸹。它是雀形目中体形最大的鸟类，共有 12 个品种。渡鸦的羽毛光亮，通体黑色，并闪着蓝色或紫色金属光泽。

下面的动物中，谁的视力最好呢？

- 猫头鹰
- 渡鸦
- 山鹰

意大利狼

意大利狼通常群体行动，它们是世界上最大的野生犬科家族成员。

山鹰

在地球上的动物中，山鹰的视力最好哟！它眼睛中的含硒量超过人眼睛的 100 倍，是意大利的国宝。

意大利卡斯罗犬

卡斯罗犬十分聪明，它可以自主判断敌我，甚至观察主人的表情行事。

垂耳兔

垂耳兔的胆子很小，突然听到声响，就会害怕地躲起来。

风土人情

意大利人热情好客，待人接物彬彬有礼。这里的人们喜欢骑自行车、踢足球。在男足世界杯比赛中，意大利队曾赢得四届冠军哟！

公共礼仪

在意大利，女士受到尊重，特别是在各种社交场合，女士处处优先。

体育强国

意大利每年会举行环意大利自行车赛，吸引了世界各地的众多顶尖车手。

你能在下面的图片中找出意大利人禁忌的数字吗？

休闲娱乐

意大利人的家庭观念很重。祖母非常受人尊重，每年都有一个“最酷奶奶”的评选。

小知识

1968 年，意大利队赢得了男足欧洲杯的冠军。这是第二次世界大战后首个洲际杯赛冠军。1982 年，在西班牙举办的男足世界杯比赛中，意大利队凭借着出色的发挥，再次登上冠军宝座。

爱好足球

在意大利，足球一直是最重要的体育运动。

美食与特产

意大利美食浓重朴实，讲究原汁原味。意大利菜系品非常丰富，菜品成千上万，除了大家耳熟能详的比萨饼和意大利通心粉，它的海鲜和甜品也闻名遐迩。

通心粉

通心粉是意大利著名的美食，它的形状千奇百怪，并且还有各种各样的颜色，比如红色、橙色、绿色，甚至还有黑色的。

帕尔玛生火腿

帕尔玛生火腿闻名世界。能否提供优质的帕尔玛生火腿几乎成为衡量意大利餐厅好坏的标准。

咖啡

咦？咖啡上面怎么开出了漂亮的花朵？其实这是花式咖啡。只要加一些调味品及其他饮品，就能做出不同口味的花式咖啡啦！

比萨饼

美味的比萨饼风靡世界，深受各国人民的喜爱。

意大利面

意大利面的世界就像是千变万化的万花筒，如果配上不同酱汁组合调味，可以做出上千种的意大利面料理哟！

葡萄酒

意大利拥有全世界最悠久的起泡酒酿造历史，一直可以追溯到罗马帝国时期。

小知识

据统计，意大利总共有两万多家比萨店，其中那不勒斯地区就有1200家。大多数那不勒斯人每周至少要吃一个比萨哟！

威尼斯面具

威尼斯的面具文化在欧洲文明中独具一格，威尼斯狂欢节最大的特点是它的面具。

木偶

西西里木偶剧主要表现的是宏伟的史诗、英雄传奇等故事。大部分对白都是木偶艺人在演出中即兴发挥的。

交通运输

意大利的交通基础设施较齐全。国内运输主要有公路、铁路、水路和航空运输。从早到晚，火车、飞机、汽车等交通工具为人们的出行提供了服务。现在就让我们了解一下意大利的主要运输方式吧！

公路

公路是意大利交通系统中最令人满意的运输方式哟！

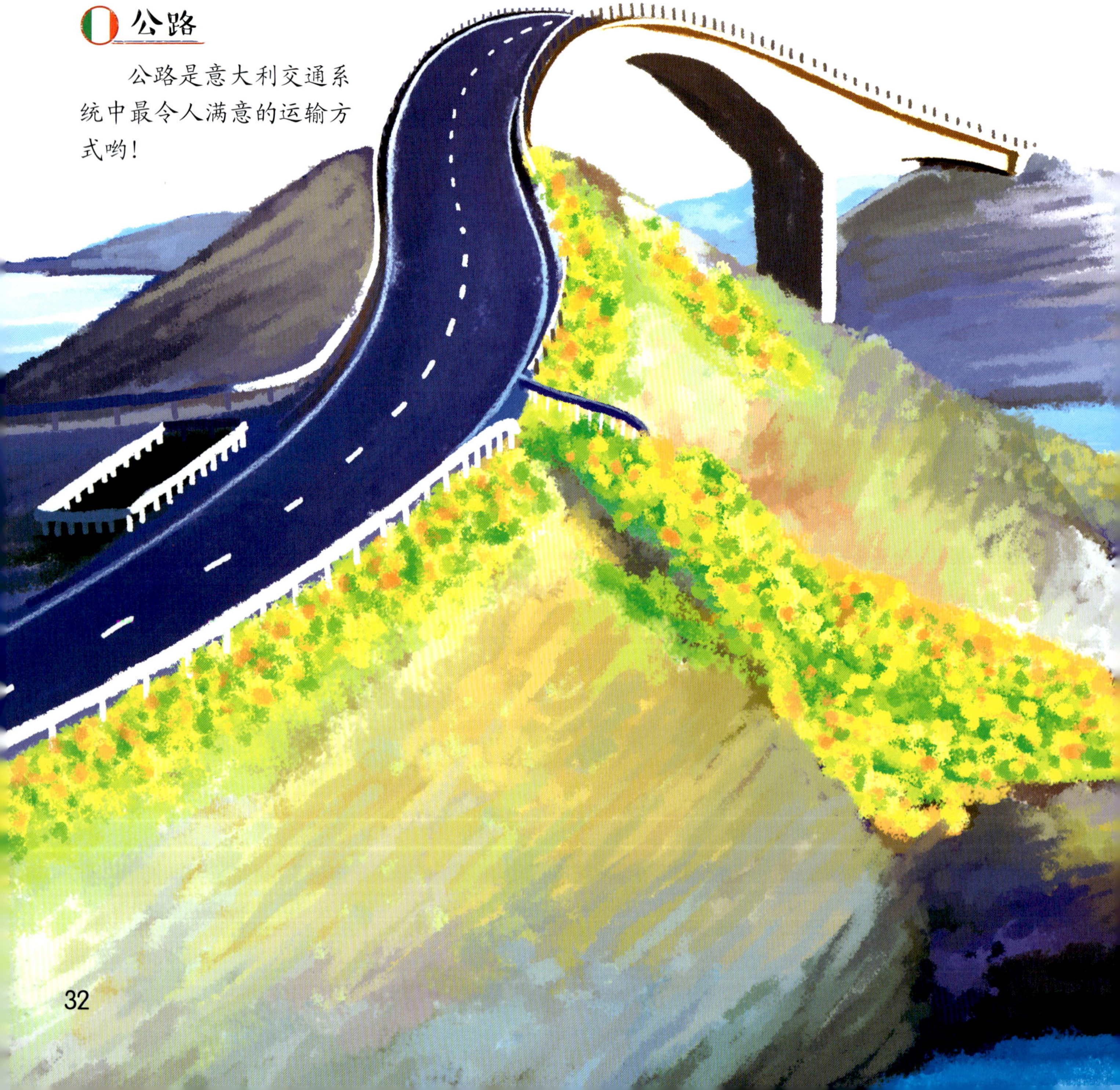

铁路

铁路线路有很多隧道，其中与瑞士相连的森皮奥内隧道长 19.8 千米，是世界最长的铁路隧道之一。

水运

意大利的水运系统很发达，主要港口有热那亚港、那不勒斯港、塔兰托港。

小知识

意大利国内运输主要依靠公路。意大利的公路密度位居欧洲第三位，其中国家高速公路全长约 6661.3 千米，在欧盟国家中排名第四位。

空运

意大利航空运输的先天条件优越，国内航线密集，从北部到南部飞行所需时间不超过 1 小时。

经济发展

意大利是工业发达的国家，虽然同其他西方发达国家相比，意大利存在着资源贫乏、工业起步较晚的劣势。但意大利注意适时调整经济政策，重视研究和引进新技术，中小企业占企业总数的98%以上，堪称“中小企业王国”。

旅游业

意大利气候湿润，风景秀丽。旅游村和农业旅游住所在全国共有11.5万处呢！

工业

意大利的工业经营范围涉及钢铁、造船、机械、石油等种类。20世纪90年代以来，政府加快了国有企业私有化进程。

农业

葡萄酒、橄榄油、面粉以及蔬菜肉类加工制成品是意大利农业的组成部分，如果用这些原料做一顿丰盛的饭菜，味道一定美极了！

医药业

医药产业是意大利重要优势产业。人均产值高居欧盟国家首位。

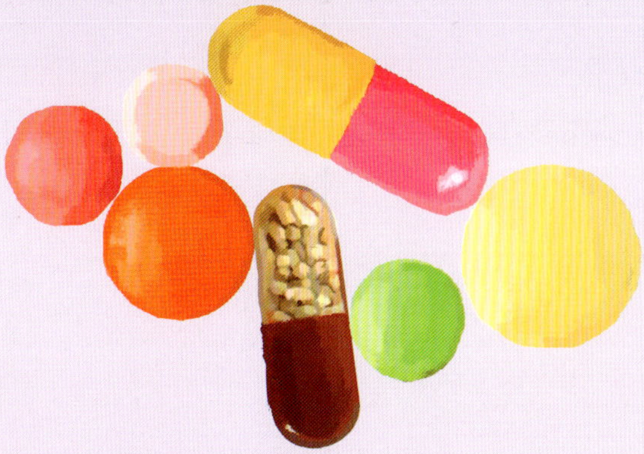

汽车制造业

法拉利是世界闻名的赛车和运动跑车生产商。早期的法拉利公司赞助赛车手及生产赛车。

下面都是意大利的名车车标，请把车标和相应的名称连起来。

菲亚特 ●　　　　● （法拉利车标）

法拉利 ●　　　　● MASERATI

兰博基尼 ●　　　　● LAMBORGHINI

玛莎拉蒂 ●　　　　● FIAT

城市一览

意大利首都罗马有很多古老的建筑；米兰引领国际时尚之风；古典又浪漫的佛罗伦萨充满着艺术气息；夜幕下的水城威尼斯是你不可不去的浪漫之地。

罗马

罗马位于意大利半岛的中西部，不少人对它怀有神秘之感和景仰之情——因为罗马曾是“世界帝国的首都”，是一座创造过辉煌文明的古城。

佛罗伦萨

来到意大利中部城市佛罗伦萨，瞬间有一种穿越回文艺复兴时期的感觉。大诗人徐志摩把它译作“翡冷翠”。

米兰

浪漫的都市米兰坐落于意大利北部，是一个时尚而又浪漫的都市，也是绝对的购物天堂。

小知识

威尼斯的地形很像海豚。城市面积不到414.57平方千米，由118个小岛组成，177条运河密布其间。

威尼斯

坐落于意大利东北部的水城威尼斯，是世界上唯一没有汽车的城市。

贡多拉

轻盈纤细、造型别致的贡多拉一直是威尼斯人的代步工具。

如果在威尼斯旅行，下面哪种交通工具是必不可少的呢？

★ 火车　　★ 小舟　　★ 汽车

其他城市一览

意大利还有很多好玩的地方，去加达云霄游乐园进行冒险之旅；聆听鸡蛋城堡的古老传说；用舌尖品尝都灵香浓的巧克力；热那亚的风情小镇已经向我们招手了……让我们乘着飞机一起玩转意大利吧！

加达云霄游乐园

加达云霄游乐园坐落于美丽的加尔达湖畔。其中“红杉冒险”过山车是这里最刺激的游乐设施。它有180°的急弯，真想去体验坐过山车的惊险和刺激！

鸡蛋城堡

鸡蛋城堡建在一座小桥与海滨大道相连的梅加利德小岛上，它是那不勒斯城里最古老的城堡哟！

小知识

传说有一位叫维吉尔的诗人将一颗鸡蛋秘密地放在鸡蛋城堡建筑的支撑点上。如果鸡蛋破碎，城堡就会变成废墟，所以这座城堡也叫“魔蛋城堡”。

那不勒斯

那不勒斯是意大利南部的第一大城市，这里是比萨的故乡，当然也就有最纯正的那不勒斯比萨。

巧克力之都——都灵

都灵是意大利西北部城市，这里的巧克力香浓润滑，所以都灵被称为意大利最甜的地方，也有“巧克力之都”的美名。

热那亚波托菲诺

意大利热那亚省的波托菲诺是著名的海港小镇，它被称为“地中海上的一颗明珠”。

小朋友，下面哪座城市被称为“巧克力之都”？请圈出来吧！

- ★那不勒斯
- ★威尼斯
- ★都灵
- ★米兰

游戏问题参考答案

- 意大利最长的河叫什么名字？

  答案：波河

- 请把意大利标志性建筑圈出来。

  答案：  

- 意大利男足共获得几次世界杯冠军？

  答案：4次

- 哪幅图描绘的是米兰大教堂？

  答案：

- 哪种食物不属于意大利特产？

  答案：

- 请圈出君士坦丁凯旋门吧！

  答案：

- 请把意大利雕塑圈出来。

  答案：大卫

- 请找出意大利的国宝吧！

  答案：山鹰

- 天文望远镜是谁发明的？

  答案：伽利略

- 请把美丽的许愿喷泉图片找出来吧！

  答案：

- 哪幅作品是达·芬奇创作的呢？

  答案：《蒙娜丽莎》

- 哪位人物不属于“美术三杰”？

  答案：但丁